DU RENVOI DES VENTES JUDICIAIRES

DEVANT NOTAIRES

MÉMOIRE

Présenté à M. le Président et à MM. les Juges du Tribunal
de Montluçon

PAR

Mᶜ L. CHAVANAT

NOTAIRE A COMMENTRY

PRÉSIDENT DE LA CHAMBRE DES NOTAIRES DE MONTLUÇON

MEMBRE TITULAIRE DU COMITÉ DES NOTAIRES DES DÉPARTEMENTS

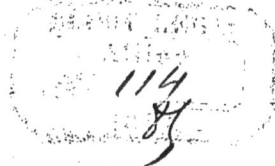

DU RENVOI DES VENTES JUDICIAIRES

DEVANT NOTAIRES

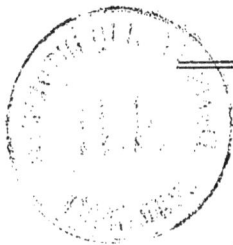

MÉMOIRE

Présenté à M. le Président et à MM. les Juges du Tribunal
de Montluçon

PAR

Mᵉ L. CHAVANAT

NOTAIRE A COMMENTRY

PRÉSIDENT DE LA CHAMBRE DES NOTAIRES DE MONTLUÇON

MEMBRE TITULAIRE DU COMITÉ DES NOTAIRES DES DÉPARTEMENTS

A Messieurs les Président et Juges composant le Tribunal de Montluçon.

MESSIEURS,

Je viens vous soumettre respectueusement quelques observations au sujet des ventes judiciaires qui sont généralement conservées à votre barre, suivant une tradition déjà ancienne. Je veux essayer de vous démontrer :

1° Que le renvoi devant Notaires de la plupart de ces ventes, — c'est-à-dire toutes les fois que ce renvoi est demandé par les parties intéressées, ou régulièrement en leur nom, — doit être ordonné dans leur intérêt ;

2° Qu'il y a toujours intérêt pour les parties à les renvoyer devant Notaires ;

3° Que ces ventes occasionnent moins de frais et de lenteurs que celles retenues à la barre du Tribunal ;

4° Et que la jurisprudence est bien définitivement fixée dans le sens du renvoi.

Les Notaires, dont les intérêts dans tous les cas sont liés à ceux de leurs clients, se sont toujours occupés de cette grave question ; nous avons toujours été entendus par les Commissions du Conseil d'Etat et du Parlement, chaque fois qu'il a été question de la réforme de la procédure sur les ventes judiciaires, et dans toutes les enquêtes qui ont été faites à cet égard.

Je m'autorise de ce précédent pour vous présenter, en mon nom personnel, l'état actuel des faits et de la jurisprudence.

§ 1. Vœu et avis des Parties.

L'article 457 du code civil, au sujet de la vente des biens des mineurs, dit dans son dernier paragraphe :

« Le conseil de famille indiquera, dans tous les cas, les immeubles » qui devront être vendus, et toutes les conditions qu'il jugera utiles. »

L'article 459 du même code est ainsi conçu :

« La vente se fera publiquement, en présence du subrogé-tuteur, aux » enchères qui seront reçues par un membre du tribunal de première » instance, *ou par un Notaire à ce commis*, et à la suite de trois affiches » apposées par trois dimanches consécutifs, aux lieux accoutumés dans » le canton. » etc.

Les modes de ventes judiciaires à la barre du tribunal ou devant notaires, étant l'un et l'autre autorisés par la loi, il en résulte que les juges doivent choisir le mode qui sauvegarde le mieux l'intérêt des incapables.

Mais pour bien se renseigner justement sur cet intérêt les juges ont un guide tout naturel, lorsqu'il s'agit de licitations où il y a des mineurs en cause. Quel est ce guide ? Le conseil de famille.

Les premiers et principaux protecteurs des incapables sont les tuteurs, les subrogés-tuteurs et les membres des conseils de famille. Ils sont, avec le juge de paix, les mieux placés, les plus complètement renseignés, les plus en état d'apprécier les raisons et les motifs de la vente, les détails et les conditions de cette vente, comme le prescrit l'article 457, et d'indiquer et de prescrire toutes les mesures favorables à tous les droits qu'ils ont mission de défendre. Peut-on suspecter un conseil de famille de ne pas s'occuper sérieusement de sa mission, ou d'y apporter de la négligence ou de l'indifférence ? Non, là question de vente est toujours assez sérieuse pour qu'elle soit toujours débattue sérieusement dans le sein du conseil; on y discute les motifs de la vente d'abord ; puis la formation des lots, leur réunion partielle ou totale, selon qu'il y a lieu, les mises à prix, et enfin l'endroit le plus favorable pour procéder à cette opération. A-t-on jamais dit que les conseils de famille pouvaient être trop dociles à satisfaire les volontés des majeurs et des tuteurs ? Il n'y a pas d'exemple. Est-ce que le tuteur, quand il a des intérêts contraires, n'est pas remplacé par un tuteur *ad hoc* ? Est-ce que le juge de paix n'est pas là pour veiller à l'exécution de la loi. Pourrait-il être et quel intérêt aurait-il à devenir un seul instant le complice des majeurs dans de prétendues convoitises contre les mineurs ?

Non, le vœu unanime du conseil de famille, quand il demande le renvoi de la vente devant notaires, ne peut pas être suspecté, et ce vœu ainsi exprimé doit être le guide des magistrats.

Lorsqu'on se trouve en présence de parties toutes majeures, comme des créanciers devant une vente sur conversion, il est bien clair et bien naturel que lorsque la majorité des créanciers, représentant également la majorité des créances, demandent, dans leur intérêt, le renvoi de la vente devant notaires, que ce renvoi doit être ordonné. — Les parties, en effet, connaissent mieux que les tribunaux le mode à employer pour arriver à un meilleur résultat : on peut dire que les tribunaux, qui sont placés en dehors et au-dessus des intérêts en jeu, n'ont dans ce cas qu'une mission de surveillance à exercer sur les formalités de ces ventes.

§ 2. Intérêt des Parties.

L'intérêt des parties, pour le renvoi des ventes devant Notaires, est hors de conteste. Il s'affirme :

1° Par le plus haut prix obtenu par ces ventes, comparé au prix des ventes faites à la barre ;

2° Part un nombre bien moins grand de surenchères faites sur les premières que sur les secondes.

D'après une statistique faite il y a quelques années, on trouvait que sur 17,000 ventes judiciaires faites par an en moyenne devant les tribunaux, il y avait 2,071 surenchères, tandis que sur les 1.700.000 ventes amiables que font les Notaires, le nombre de surenchères n'excède pas 260.

Une autre statistique faite sur les renvois des ventes devant Notaires révèle les faits suivants pour une période de huit années :

Pour les surenchères, les six Cours les plus favorables aux renvois n'ont eu que 1352 surenchères sur 29,075 ventes ou 4,65 0/0. (1).

Les six Cours les plus défavorables aux renvois ont eu 5,606 surenchères sur 25,355 ventes opérées dans leurs ressorts, ce qui donne un rapport proportionnel de 21,95 0/0, c'est-à-dire *cinq* fois plus élevé que les premières.

Même résultat pour les folles enchères :

132 pour les six Cours favorables, ou 0.45 0/0

616 pour les six Cours défavorables, ou................. 2,41 0/0

Au point de vue des incidents divers surgis au cours des procédures, les six Cours favorables n'en ont eu que 1,878 ; les autres 4,221, c'est-à-dire trois fois plus que les premières.

Nota. — (On a pris dans ce travail la récapitulation des opinions extrêmes, c'est-à-dire des six Cours les plus favorables aux renvois et qui sont : Angers, Orléans, Nancy, Metz, Rouen, Douai, et celles des six Cours qui étaient à ce moment le plus défavorables aux renvois : Bordeaux, Riom, Montpellier, Toulouse, Pau et Nimes : Le travail sur les Cours intermédiaires corrobore ces résultats.)

(1) En 1882 — ventes à la barre .... 13,029 — Incidents 9,000
           — renvoyées devant Notaires 10,264 — id. 2,228
En 1883 — ventes à la barre.. .... 13,460 — id. 9,311
           — renvoyées devant Notaires 10,143 — id. 2,452

Les ventes renvoyées devant notaires occasionnent moins de frais que les ventes retenues à la barre : dans les premières, on économise le dépôt de l'enchère au greffe, les droits de communication, de rédaction, etc.; les expéditions sont moins longues et moins chères ; il en est de même pour les transcriptions.

De plus, les 8/10 des ventes confiées aux Notaires sont terminées dans les trois mois de leur ouverture; pour celles qui sont faites par les tribunaux, la proportion n'est que des 2/3. (Compte rendu de la Justice Civile. — V. à l'*Officiel* du 5 jui let 1880).

Ainsi, Messieurs, nous arrivons à ce triple résultat lorsque les ventes sont confiées aux Notaires :

Prix plus avantageux et par suite moins de surenchères et d'incidents ;

Economie dans les frais ;

Plus de célérité dans l'opération.

Voyons maintenant la Jurisprudence :

§ 3. Jurisprudence.

Troplong, dans son *Traité de la Vente*, N° 856, dit : « Il n'y a pas de plus mauvaises ventes que celles qui « se font d'autorité de justice. »

De l'aveu même du gouvernement les ventes se font plus avantageusement devant Notaires qu'à la barre du tribunal. Dans son rapport sur la justice civile en 1880, M. le Ministre s'exprime en ces termes : « On remarque que de 1841-1845 à 1876-1880, la moyenne des ventes » judiciaires confiées aux Notaires a plus que doublé. *Il y a lieu d'ap-* » *plaudir à cette progression, car les adjudications qui ont lieu à* » *proximité de la situation des biens s'effectuent plus avantageu-* » *sement.* »

Dans son rapport pour l'année 1881, M. le Garde des Sceaux dit encore :

« Il a été procédé en 1881 à 22,851 ventes judiciaires d'immeubles,

» 54 de moins que l'année précédente ; 12,682 (55 p. 100) ont été faites
» par les tribunaux civils et 10,169 (45 p. 100) par des Notaires. Cette
» proportion n'était autrefois que de 34 p. 100. Il est donc évident que
» les tribunaux se montrent de plus en plus favorables au renvoi de
» l'adjudication devant un officier public, mais on doit reconnaître que
» cet usage est plus répandu dans le Nord que dans le Midi de la
» France. Dans les quatorze Cours de la première de ces régions la
» proportion des ventes confiées à des Notaires s'élève à 59 p. 100,
» tandis que dans les douze Cours méridionales, elle n'excède pas
» 15 p. 100. »

Aujourd'hui on peut affirmer que la Jurisprudence est bien fixée sur
ces points : à savoir, que c'est l'intérêt des parties qui, seul, doit déter-
miner le choix des magistrats, et que, lorsque le renvoi est demandé
unanimement, les tribunaux doivent déférer à ce vœu. Pour ne citer
que les arrêts les plus récents :

C. Bourges......................21 Juillet 1879.
C. Poitiers......................15 Décembre 1879.
C. Caen ....13 Février 1880.
C. Cassation....................20 Janvier 1881.
C. Chambéry....................24 Décembre 1883.
C. Grenoble.................... 4 Avril 1884.
C. Lyon ....13 Juin 1885.

Enfin, trois arrêts de la Cour de Riom, en date des *20 Août 1879,
8 Mars 1880 et 4 Août 1884.*

J'appellerai, Messieurs, plus spécialement votre attention sur ces trois
derniers arrêts émanant de notre Cour d'Appel. — Jadis, la Cour de
Riom était en principe, défavorable aux renvois. — Ces trois arrêts indi-
quent non seulement qu'elle a modifié sa jurisprudence, mais qu'elle a
adopté d'une manière définitive celle de la majorité des Cours d'Appel.

On lit dans l'arrêt du 20 août 1879 réformant un jugement du
tribunal d'Yssengeaux du 14 mai précédent, ces considérants :

« Attendu que, par sa délibération en date du 7 mai 1879, le conseil
» de famille des mineurs Déléage, en fixant la mise à prix des immeu-

» bles à vendre à 3,000 fr. estime que, pour opérer ladite vente de la
» manière la plus profitable et favoriser les enchères, il est nécessaire
» qu'elle soit faite en plusieurs lots et sur les lieux mêmes de la situation
» des biens.

« Attendu qu'il résulte des pièces jointes au dossier que les créanciers
» hypothécaires de la succession de Marcelin Déléage, au nombre de
» huit, pour une somme de 5,191 fr. en principal, partagent entière-
» ment l'avis du conseil de famille des mineures Déléage, et demandent
» formellement que la vente ordonnée par le tribunal d'Yssingeaux ait
» lieu devant Mᵉ Vialleton, notaire à Monistrol.

« Attendu que cet avis est justifié et qu'il est de l'intérêt tant des
» enfants Déléage que des créanciers de la succession de leur père, que
» la vente dont s'agit soit faite au lieu même de la situation des biens
» qu'au chef-lieu du tribunal qui est à 20 kilomètres de distance de ces
» mêmes biens.

« Par ces motifs, vu l'article 458 du code civil, statuant en la
» Chambre du Conseil ; — reçoit l'appel de Catherine Carrot, veuve
» Déléage, envers le jugement du tribunal d'Yssingeaux, en date du
» 14 mai 1879 ; émendant et faisant ce que les premiers juges auraient
» dû faire, — ordonne que la vente des immeubles désignés en la
» délibération du conseil de famille du 7 du même mois, aura lieu
» devant Mᵉ Vialleton, notaire, etc. »

Le tribunal d'Yssingeaux a pour système (il le déclare lui-même) de
ne pas renvoyer les ventes devant Notaires. Le 15 janvier 1879, dans
une affaire Anne Blanchard, veuve Fournel, il rend un jugement qui,
malgré le vœu exprimé par le Conseil de famille, commet un Juge pour
la vente. On lit dans ce jugement ce singulier motif :

« Considérant que, bien que le conseil de famille ait exprimé le vœu
» que la *vente ait lieu sur les lieux*, et motivé son avis sur un plus
» grand nombre d'enchérisseurs, le tribunal ne croit pas devoir faire
» droit à cette demande et *enfreindre la règle générale* qu'il a admise
» de renvoyer les ventes devant lui ou un juge commis à cet effet,
» comme plus régulièrement opérées et plus protectrices des intérêts
» des mineurs, »

Sur appel, nouvel arrêt de la Cour de Riom en date du 8 mars 1880, ainsi conçu :

« Attendu que la tutrice avait exprimé le vœu, auquel s'était adjoint » le conseil de famille, que la vente aux enchères et par lots fût opérée » devant le notaire de la commune où sont situés les biens, mais que le » tribunal d'Yssingeaux, par son jugement du 15 janvier 1879, tout en » ordonnant la vente, a cru devoir décider que cette vente aurait lieu » devant un magistrat de ce tribunal.

« Attendu que le jugement motive uniquement sa décision sur la » règle générale qu'il a admise de faire opérer ces sortes de ventes » devant un juge commis à cet effet, comme présentant plus de garantie » pour les mineurs que celles faites devant Notaires.

« Attendu qu'il n'existe point de règle absolue en pareille matière, et » que l'intérêt du mineur doit *être consulté dans chaque espèce*, eu » égard aux circonstances.

« Par ces motifs, dit qu'il a été mal jugé, etc. »

Enfin, un troisième arrêt de la même Cour, en date du 4 août 1884, infirmant un jugement du tribunal d'Ambert du 4 juin précédent, est encore conçu dans le même esprit :

« Attendu que la tutrice, etc.

« Attendu que, si à l'égard de la vente des biens d'un mineur, la loi » autorise le mode des enchères devant un membre du tribunal ou celui » devant un Notaire, *cette faculté d'option doit être subordonnée* à » l'intérêt du mineur et de ses créanciers, *qu'il importe également de* » *suivre le vœu unanime du conseil de famille*, quand il n'est pas » suspect.

» Attendu que, par sa délibération du 25 mai 1884, le conseil de » famille des mineurs Mayet, en fixant la mise à prix des immeubles à » vendre, estime que, pour opérer ladite vente de la manière la plus » profitable et favoriser les enchères, il est nécessaire qu'elle soit faite » au lieu même de la situation des biens et devant le Notaire qu'il a » désigné ; que, dans sa réuuion du 25 juin suivant, il a itérativement » émis ce vœu.

« Attendu qu'il résulte des pièces jointes au dossier que huit des
» principaux créanciers des mineurs Mayet partagent entièrement l'avis
» du conseil de famille desdits mineurs et demandent formellement que
» la vente ordonnée par le tribunal d'Ambert ait lieu devant Me Tardif,
» notaire à Saint-Amand-Roche-Savine.

« Attendu *qu'un déplacement des enchérisseurs, même à la faible*
» *distance de onze kilomètres,* qui sépare les immeubles à vendre du
» chef-lieu de l'arrondissement, ne pourrait qu'être nuisible à la vente,
» que l'adjudication des immeubles devant le Notaire délégué, déten-
» teur des titres de propriété de la famille et chargé par le tribunal de
» la liquidation des créances, présente toutes les garanties de publicité
» et de concurrence.

« Par ces motifs, reçoit l'appel interjeté ; dit et ordonne que la vente
» sera faite devant ledit Me Tardif, notaire, etc. »

J'ai tenu, Messieurs à vous donner *in extenso* les motifs de ces derniers arrêts. Ils sont bons à connaître et à retenir ; le dernier cité,
même dans une espèce où les immeubles se trouvaient à une faible
distance du tribunal, admet avec raison que la nécessité pour les enchérisseurs d'un déplacement quelconque peut nuire à la vente, et ordonne
en conséquence le renvoi devant Notaire.

Voilà la jurisprudence.

Entrons, si vous le voulez bien, Messieurs, dans un autre ordre
d'idées, et voyons comment les choses se passent en fait.

Le Notaire de la famille fait l'inventaire après le décès. Dans cet
inventaire, il décrit avec soin, l'actif et le passif, mobilier, il fait
l'analyse des papiers, établit *grosso modo* les reprises en deniers de
chaque époux, indique ses reprises en nature, les récompenses qui peu-
vent être dues par chacun à la communauté, en un mot jette les bases
de la liquidation à établir lorsque le tribunal l'aura ordonnée.

C'est cet inventaire qui établit ou non, au conseil de famille des
mineurs, la nécessité de vendre tout ou partie des immeubles de

communauté ou de la succession — Le Notaire dans ce cas est toujours consulté sur les conditions, l'époque de cette vente ; il donne son avis sur le lotissement, les mises à prix, etc. — Eh bien ! c'est juste à ce moment, d'après la jurisprudence que je combats, que la licitation est portée devant le tribunal, conservée à la barre, puis on revient ensuite devant le Notaire pour procéder aux comptes et liquidation entre les parties.

N'y a-t-il pas là une anomalie étrange ? Comme Notaires, nous établissons la situation de la famille ; plus tard, nous réglons et liquidons les comptes, mais la partie la plus importante pour les intéressés nous est enlevée, — dans leur intérêt dit-on, — contre leur intérêt, — nous permettrons-nous d'ajouter.

Nous pouvons mieux que qui que ce soit, nous, détenteurs des titres de propriété, établir d'une manière exacte l'origine des biens, établir la formation des lots, prévoir et bien stipuler les servitudes indispensables, fixer le mode et l'époque des paiements du prix suivant les prétentions et les moyens des créanciers connus avec lesquels on peut conférer à l'avance et des futurs adjudicataires. Nous nous appliquons à donner des désignations complètes, actuelles, sans nous en rapporter aveuglément à un relevé cadastral que les années ont défiguré, et nous n'arrivons certainement pas, comme cela s'est vu assez fréquemment et assez récemment, *à oublier* des objets qui doivent être compris dans les lots ou à *comprendre le même immeuble* dans deux lots différents. Aussi, nos ventes ne sont pas généralement suivies des incidents nombreux que je vous signalais sous le § 2 des observations qui précèdent.

Je crois, Messieurs, vous avoir démontré, comme je le disais en commençant, que le renvoi devant Notaires, des ventes judiciaires, est toujours avantageux ; qu'il doit être ordonné toutes les fois qu'il est demandé par les parties intéressées, conformément à une jurisprudence qui s'affirme de plus en plus dans ce sens.

La tradition suivie autrefois par la Cour de Riom n'existe plus ; elle l'a abandonnée pour revenir à une application plus équitable de la loi, en s'inspirant uniquement et toujours de l'intérêt des parties et en se conformant à leurs vœux. Vous ferez de même, Messieurs; et en agissant ainsi, vous éviterez aux mineurs, aux incapables, aux créanciers, les résultats souveut désastreux des ventes à la barre, et les frais toujours onéreux d'un appel possible.

Veuillez agréer, Messieurs, l'assurance de ma considération la plus distinguée.

L. CHAVANAT.

Commentry, le 1er Décembre 1885.

Montluçon. — Imp. Prot.

www.ingramcontent.com/pod-product-compliance
Lightning Source LLC
Chambersburg PA
CBHW050402210326
41520CB00020B/6423